**Man muss die Nuss knacken,
will man den Kern essen.**

Italienisches Sprichwort

NÜSSE
rundum gesund

von
Grit Nitzsche

BuchVerlag
für die Frau

ISBN 978-3-89798-550-6

Einband: ansichtssache, Karen August, Berlin
Satz, Typografie: Catharina Ende, Leipzig
Fotos: Uwe Bender (S. 57, 64/65, 125), Colourbox.de (Titel, S. 2, 8/9, 15, 27, 33, 39, 45, 51, 53, 69, 89, 95, 105, 109, 115), Fotolia.com (S. 21: ajkramer; S. 31: la-perla_777; S. 43: gkrphoto; S. 97: Maciej Czekajewski), Grit Nitzsche (S. 77, 87), Pixabay.com (S. 81, 99), Verlagsarchiv (S. 119)
Druck: Salzland Druck, Staßfurt
Bindearbeiten: Müller Buchbinderei GmbH Leipzig

Printed in Germany
www.buchverlag-fuer-die-frau.de

Inhalt

NUSS ODER DOCH NICHT NUSS?

Von allen heute im Allgemeinen als Nüsse bezeichneten Arten sind botanisch gesehen viele völlig andere Früchte. Andererseits ruft eine wissenschaftlich korrekte Liste an Nüssen meist größeres Erstaunen hervor. So sind Haselnüsse und Walnüsse tatsächlich Nüsse im botanischen Sinne, und auch Litschi und Esskastanien haben Nussfrüchte.

Dagegen sind viele andere keine »echten« Nüsse, so gehören Kokosnuss, Mandel, Pekannuss und Pistazie z. B. zu den Steinfrüchten wie Pflaume oder Pfirsich, Paranüsse sind Teile

einer Kapselfrucht wie beispielsweise Backmohn, die Cashewnuss ist eine Scheinfrucht.
Verantwortlich für all diese Zuordnungen ist die Definition des Begriffes Nuss: »Nüsse sind Schließfrüchte, bei denen alle drei Schichten der Fruchtwand verholzen.«
Gelegentlich sind sich aber selbst Botaniker über die entsprechenden Zuordnungen unsicher oder uneinig, sodass die Hülsenfrucht Erdnuss erst seit kurzem bzw. in einigen Publikationen als echte Nuss gilt. In diesem Buch, lieber Leser soll die Abgrenzung einfach das sein, was man landläufig als Nüsse kennt. Die Autorin wünscht viel Erfolg beim Knacken und guten Appetit!

GESUNDES LEBENSMITTEL

Bei allen ihren guten Eigenschaften sollte man dennoch beachten, dass Nüsse weder Allheilmittel noch Medikamente sind und auch keine Krankheiten heilen können. Sie sind einfach nur gesund.
Nüsse sind sehr fett- und damit kalorienreich, aber der zumeist sehr hohe Anteil an mehrfach ungesättigten Fettsäuren bringt den Cholesterinspiegel in ein gesundes Gleichgewicht, das sich positiv vor allem auf Herz und Blutgefäße auswirkt und damit das Risiko für Bluthochdruck, Schlaganfall und Herzinfarkt mindert.

Auch der Reichtum an Vitaminen und Mineralien macht Nüsse so wertvoll. Vitamin E bewirkt antioxidative Effekte, ein gesunder Magnesiumspiegel sorgt für ausgeglichenen Blutdruck, stärkt die Nerven und wirkt entzündungshemmend. Folsäure und andere Stoffe des Vitamin-B-Komplexes sind wichtig für funktionierende Stoffwechselprozesse im Körper und nirgendwo in pflanzlicher Nahrung so reich vorhanden wie in Nüssen. Zudem liefern Nüsse Proteine, die deutlich bekömmlicher und damit wertvoller sind, als solche aus tierischen Quellen. Nachweislich sinken zudem die Risiken für Diabetes und Darmkrebs, Gallensteine und sogar für Bauchspeicheldrüsenkrebs, auch

Prostatakrebs wird Studien zufolge positiv beeinflusst.

Wer die gesundheitlichen Potenziale von Nüssen nutzen möchte, sollte Nüsse direkt und nicht zu weit verarbeitet genießen. Ernährungsexperten weisen z. B. darauf hin, dass Nussdrinks oft recht kleine Anteile an Nüssen, dafür aber viele Zusätze enthalten, die für »Milchgeschmack« sorgen sollen. Erdnusschips werden vorwiegend aus Maismehl hergestellt und mit Erdnusspulver nur aromatisiert. Gesalzene und gewürzte Nüsse enthalten oft sehr viel Salz und weitere Zusätze, mit kandierten Nüssen nimmt man sehr viel Zucker zu sich. Besser, man genießt Nüsse naturbelassen oder würzt sie selbst.

Leider gibt es viele Menschen, die allergisch auf Nüsse reagieren. Nussallergien sind schwierige Lebensmittelallergien, da die allergenen Substanzen durch Erhitzen oder Verarbeiten nicht unschädlich zu machen sind. Um Symptome wie Brennen und Schwellen von Haut und Schleimhäuten, Magen-Darm-Beschwerden oder Asthmaanfälle bis hin zum lebensgefährlichen anaphylaktischen Schock zu vermeiden, müssen Allergiker, die auf eine Nussart reagieren, vorsichtshalber alle Produkte jeglicher Nussarten meiden.

NUSSKAUF, LAGERUNG UND VERARBEITUNG

Nusskauf

Nüsse schmecken frisch am besten. Man sollte sie also in ihrer Erntezeit zwischen Oktober und Dezember kaufen. Bedenken sollte man beim Kauf auch, dass konventionell angebaute Nüsse nach der Ernte noch begast oder gebleicht werden können, nur bei Bio-Ware ist das ausgeschlossen. Einige Nussarten sind besonders anfällig für Schimmel, den man mit bloßem Auge oft nicht sieht. Schimmel bildet jedoch giftige Substanzen, die auch Kochen, Einfrieren oder Rösten nicht vernichten. Achten Sie also auf

gute Qualität und Lagerung. Schlecht riechende oder schmeckende Nüsse nicht mehr verzehren!
Nüsse sind auch recht anfällig für Ungezieferbefall und werden leicht ranzig. Wenn möglich, sollte man beim Kauf immer ganzen Nüssen den Vorzug gegenüber geknackten, zerkleinerten oder verarbeiteten geben, denn sie sind wesentlich länger haltbar. Nusskauf ist Vertrauenssache: Kaufen Sie da, wo der Umsatz so groß ist, dass Sie möglichst frische Ware erhalten.

Produkte aus Nüssen

Neben ganzen oder zerkleinerten Nüssen bietet der Handel auch Produkte, die auf Nüssen basieren.

Nussmus lässt sich aus den meisten Nüssen herstellen, indem die Kerne zu einer feinen Paste z.B. als Brotaufstrich, vermahlen werden.
Nussöle sind sehr wertvolle Speiseöle, leider oft nicht lange haltbar, bevor sie ranzig werden. Eigenschaften und Verwendbarkeit sind sehr verschieden, so halten Erdnuss- und Kokosöl recht hohe Temperaturen aus und eignen sich gut zum Braten, wogegen z.B. Walnuss- und Haselnussöl besser in der kalten Küche, also für Dressings und Marinaden Verwendung finden.
Nussdrinks sind im Prinzip verdünntes Nussmus. Sie haben eine milchartige Konsistenz und Optik und gelten als vegane Alternative zu Milch.

Lagerung und Verarbeitung

Nüsse sollte man im Ganzen an einem trockenen, luftigen, kühlen und dunklen Ort lagern. Dann halten sie bis zu einem Jahr. Mahlen Sie Nüsse erst vor der Zubereitung und bewahren zerkleinerte Nüsse auch besser in einem luftdicht verschlossenen Gefäß im Kühlschrank oder besser noch im Gefrierfach auf.

Fast alle Nüsse intensivieren ihr Aroma, wenn man sie in einer fettfreien Pfanne vorsichtig kurz röstet. Dabei sollten sie immer gerührt bzw. bewegt und im richtigen Moment herausgenommen werden, denn oft entscheiden Sekunden über intensiv nussigen oder verbrannten Geschmack.

NÜSSE IM PORTRÄT

Cashewnuss

Anacardium occidentale

Der ursprünglich in Brasilien und Mittelamerika vorkommende Cashew- oder auch Kaschubaum wurde schon im 16. Jahrhundert von den Portugiesen in Afrika und Indien eingeführt und wird heute in Mosambique, Nigeria, Tansania und Brasilien angebaut. Der Name *Cashew* geht über das Portugiesische auf die indianische Bezeichnung »Acaju=Nierenbaum« zurück, die wohl die Form der Nüsse beschreibt.

Botanisches

Der immergrüne Cashewbaum erreicht Höhen von 10 bis 15 m. Im Alter von 3 bis 5 Jahren trägt er zum ersten Mal Früchte. Sie sind jedoch keine echten Nüsse. In der Form erinnern sie ein wenig an kleine Birnen, allgemein werden sie als Äpfel bezeichnet. Die Äpfelchen bestehen aus einem weichen, feinen gelben Fruchtfleisch mit gelber oder oft auch leuchtend roter Schale. Aus ihnen wächst unten jeweils ein einzelner Cashewkern heraus. Erntezeit ist von Februar bis Mai.

Ernte

Nach der Ernte der Äpfel ist ein äußerst aufwendiger Prozess nötig,

um die Cashewkerne zu gewinnen. Nachdem der Kern aus den reifen Äpfeln gelöst ist, muss er zwei Tage trocknen, wird gereinigt, dann wieder feucht gelagert, damit die Schale brüchig wird. Beim anschließenden Rösten in großen Trommeln wird gleichzeitig der Cashewbalsam, ein ätzend wirkendes harziges Öl aus der Schale entfernt. Anschließend wird erneut gewaschen, gefriergetrocknet und maschinell komplett geschält. Dann folgt ein abschließender zweistufiger Röstvorgang, den eine Behandlung mit in Wasser gelöstem Salz und Gummiarabikum unterbricht.
Der größte Teil der jährlichen Cashew-Produktion stammt heute aus Indien.

Produkte/Kauf/Lagerung

Cashewkerne verderben leicht und sollten deshalb möglichst nur in luftdicht verschlossenen Verpackungen gekauft werden. Angebrochene Packungen verschließt man wieder luftdicht und braucht sie innerhalb der nächsten Zeit auf. Länger halten sie im Kühlschrank, im Gefrierfach sogar bis zu 12 Monate. Verschrumpelte oder ranzig riechende Kerne kann man nicht mehr essen.

Das den Kern umgebende Fruchtfleisch, eigentlich ein fruchtartig angeschwollener Fruchtstiel, ist ebenfalls essbar, enthält viel Vitamin C, aber leider auch einen milchigen Saft, der hartnäckige Flecken auf der Kleidung hinterlässt.

Hierzulande kann man die Cashewäpfel nicht kaufen, dagegen gelten sie in der Karibik und in Brasilien als Delikatesse und sind anders als der Kern recht teuer. Da sie nach der Ernte ziemlich schnell verderben, werden sie meist zu Fruchtsaft, Marmelade, Likör oder Wein weiterverarbeitet.

Gesundheitswert

Cashews sind von allen Nüssen die fettärmsten, aber trotzdem Mineralienkraftpakete mit viel Kupfer, Zink, Kalium, Phosphor, Eisen und dem höchsten Magnesiumgehalt. Außerdem enthalten sie Folsäure, einige Vitamine des B-Komplexes sowie Vitamin A, D und E.

Verarbeitung/Rezepte

Cashewkerne werden im Ganzen, gehackt oder gemahlen in verschiedenen Gerichten verarbeitet. Dabei passen sie ebenso gut zu süßen, wie in herzhafte Speisen, zu Salaten, Reis, Nudeln, Lamm oder Hühnchen. Aus der indischen Küche sind sie deshalb nicht wegzudenken. Da sie sehr schnell weich werden, sollte man sie heißen Gerichten erst am Ende der Garzeit zugeben. Eine besondere Zubereitungsform ist das Mahlen zu einer cremigen »Butter« ähnlich der Erdnussbutter, nur viel milder. Dieses Mus kann man als Grundlage für vegetarische Aufstriche oder zum Binden von Soßen z.B. in indischen Currys verwenden.

Cantuccini mit Studentenfutter

250 g Mehl • 180 g Zucker
1 TL Backpulver • Mark von
½ Vanillestange • 1 Prise Salz
25 g zimmerwarme Butter • 2 Eier
200 g Studentenfutter

Trockene Zutaten mischen, mit Butter und Eiern zu einem glatten Teig verkneten, Studentenfutter unterrühren und 30 Minuten kalt stellen. 4 gleichmäßig dicke Rollen formen und bei 180 °C etwa 15 Minuten vorbacken. Etwas abkühlen lassen, in 1 cm dicke Scheiben schneiden, auf einem Backblech auslegen und weitere 12 Minuten goldbraun backen. In einem verschlossenen Gefäß aufbewahren.

Cashewcreme als Brotaufstrich

200 g Cashewkerne
350 ml Flüssigkeit

weitere Zutaten:

Variante 1:

Apfelsaft • getrocknete Pflaumen Kakaobutter • Backkakao

Variante 2:

Traubensaft • Fliederblüten Zitronensaft • Mandelöl

Variante 3:

Gemüsebrühe • eingeweichte Trockenpilze • Einweichwasser Rapsöl • ggf. Salz

Variante 4:

Gemüsebrühe • getrocknete Tomaten • Olivenöl • Basilikum

Cashewkerne mit der jeweiligen Flüssigkeit aus einer der vier Varianten über Nacht einweichen. Flüssigkeit abgießen und auffangen. Kerne und alle Zutaten der Wunschvariante in einem guten Mixer pürieren, dabei nach und nach so viel Flüssigkeit zugeben, dass eine streichfähige Creme entsteht.
Kühl gelagert kann man sie einige Tage aufbewahren.

Nussdrink

50 g Cashewkerne
2 Datteln
350 ml Wasser
Kakaopulver oder 1 Prise Kardamom
etwas Rosenwasser – nach Geschmack

Alle Zutaten in einem guten Mixer richtig glatt mixen. Das kann etwas dauern, und die Nussmilch wird dabei etwas warm und leicht schaumig, dann ist der Drink perfekt.

Tipp: Funktioniert auch mit Erdnüssen oder Mandeln.

Erdnuss

Arachis hypogaea

Die aus Südamerika stammende Erdnuss fand nach der Entdeckung Amerikas schnell Verbreitung in den übrigen tropischen Gebieten der Welt. Erdnüsse galten aber lange als Viehfutter, Sklavennahrung und Arme-Leute-Speise. Erst seit etwa 100 Jahren werden sie als wertvolle Speisepflanze in großem Maßstab gezüchtet und angebaut.

Botanisches

Die Samen dieser einjährig gedeihenden Pflanze aus der Familie der Leguminosen sind eigentlich Hülsenfrüchte, gelten aber entsprechend

der Nuss-Definition (S. 7) seit jüngsten Untersuchungen tatsächlich als echte Nüsse. Die krautige Pflanze mit aufrechten oder kriechenden, behaarten Stängeln blüht gelb. Die nur bodennah sprießenden Blüten befruchten sich selbst, dann verlängert sich der Blütenboden stielartig, schiebt die entstehende Samenhülse in den Boden und dort entwickeln sich daraus die Erdnüsse. Die Fruchtwand ist leicht verholzt und netzartig runzelig. Obwohl sie sich aus dem Blütenboden entwickelt, nimmt sie erstaunlicherweise Mineralien direkt aus dem Boden auf, wie das sonst nur Pflanzenwurzeln tun.

Herkunft/Anbau

Ursprünglich stammt die Pflanze wohl aus den bolivianischen Anden, die Wildform ist allerdings heute nicht mehr nachweisbar, weil bereits Spanier und Portugiesen bei der Eroberung nur die von den Indianern kultivierte Erdnuss kennenlernten. Auf dem Umweg über Europa und Afrika gelangte die Pflanze durch den Sklavenhandel in den Süden der Vereinigten Staaten, heute sind die wichtigsten Erzeugerländer die USA, China und Indien.

Beim Anbau werden von den Pflanzen wie von allen Leguminosen die Böden verbessert, d.h. mit Stickstoff angereichert. Darüber hinaus ist das bei der Ernte der Nüsse anfallende

Pflanzenmaterial selbst auch relativ proteinreich und bildet damit zusammen mit den Pressrückständen der Nüsse in den Erzeugerländern ein wichtiges Futtermittel.

Produkte/Kauf/Lagerung

Erdnüsse sind im Handel roh, gezuckert oder gesalzen erhältlich. Das aus den Kernen gepresste Öl wird nicht so schnell ranzig wie viele andere Nussöle und ist in guten Supermärkten oder im Asialaden erhältlich. Es dient z.B. zur Margarineherstellung oder wird auf technischem Wege gehärtet und als Erdnussbutter verwendet. Da dieses raffinierte Erdnussöl sehr hohe Temperaturen aushält, ist es ein gutes Frittieröl.

Gesundheitswert

Da Erdnüsse aus der Familie der Hülsenfrüchte stammen, enthalten sie wie andere Kerne dieser Familie, z.B. Linsen und Erbsen, recht viel pflanzliches Eiweiß (bis zu einem Viertel), das für die Ernährung sehr wertvoll ist. Vor allem aber ist das fast geschmacksfreie Erdnussöl eines der wertvollsten Speiseöle überhaupt.

Verarbeitung/Rezepte

Am besten nutzt man Erdnüsse als Snack, einfach die Kerne per Hand aus der Schale lösen. Mit Erdnüssen kann man auch Suppen und Salate aufpeppen oder sie fein gehackt als Panade oder Backzutat verwenden. Ebenso gut lassen sie sich zu feinem

Nussmus verarbeiten und als Erdnussbutter oder Nussdrink (-Milch) genießen.

Erdnussbutter

250 g geröstete, gesalzene Erdnüsse
25 ml Erdnussöl (alternativ auch Sonnenblumen- oder Keimöl)

Nüsse mit Öl in einem guten Mixer glatt pürieren, abfüllen, verschlossen und kühl aufbewahren.

Gewürzte Erdnüsse

Abrieb und Saft von 1 unbehandelten Limette
1 TL Salz • 1 ½ EL Zucker
1 TL Paprika, edelsüß
½ TL Chiliflocken
2 TL Currypulver
1 Eiweiß
300 g frische Erdnüsse

Limettenschale und -saft mit allen Gewürzen vermischen. Das Eiweiß zu cremigem Schnee schlagen, die Gewürzmischung unterheben. Nüsse schälen, zufügen und sorgfältig rühren, so dass alle Nüsse mit der Gewürzmischung bedeckt sind. Ofen auf 180 °C vorheizen, Nüsse auf einem mit Backpapier bedeckten Blech gleichmäßig verteilen und 10 bis 12 Minuten bei Ober- und Unterhitze rösten. Zwischendurch rühren, um sie vom Papier zu lösen. Dann auskühlen lassen. Zum Aufbewahren unbedingt luftdicht verpacken, damit sie keine Feuchtigkeit ziehen, kühl stellen und innerhalb von 10 Tagen aufbrauchen.

Tipp: Stellen Sie eigene Gewürzmischungen zusammen und rösten Sie auch andere Nüsse auf diese Weise.

Hähnchencurry

400 g Hähnchenbrust
1 EL Erdnussöl • 2 TL Currypaste (Asialaden) • 400 ml Kokosmilch
300 ml Hühnerbrühe • 2 TL Erdnussbutter • 100 g gesalzene Erdnüsse
750 g vorbereitetes Gemüse (Bambussprossen, Zuckerschoten, Möhrenstifte, Lauchringe, Zucchinistifte)

Die Hähnchenbruststücke im heißen Erdnussöl scharf anbraten, Currypaste kurz mit anschwitzen, mit Kokosmilch und Brühe ablöschen. Alle restlichen Zutaten zufügen und bei milder Hitze garziehen. Zu flüssige Soße noch mit etwas Stärke binden und alles zu Reis servieren.

Haselnuss

Corylus avellano

Die Hasel war nach der letzten Eiszeit einer der Erstbesiedler der frei werdenden Flächen und lieferte unseren Vorfahren sehr wichtige, weil energiereiche und lagerfähige Nahrung. Ihr bevorzugter Platz als Heckengehölz führte zu Mythen und Geschichten, die der Hasel Zauberkraft und eine Mittlerstellung zwischen den Welten – der inneren und äußeren, aber auch dem Dies- und dem Jenseits zuschrieben. Darum war sie auch Wünschelrute, Fruchtbarkeitssymbol und Zauberstab.

Botanisches

Haselnüsse gedeihen an sommergrünen Großsträuchern und zählen zur Familie der Birkengewächse. Die Hasel blüht bereits im Februar/März, wobei die kleinen weiblichen, knospenartigen Blüten durch den Wind bestäubt werden von den Pollen, die die männlichen Blütenkätzchen freisetzen. Neben der gemeinen Hasel oder Strauchhasel trägt auch die Baumhasel, die hierzulande vor allem als Straßenbaum vorkommt, essbare Nüsse.

Herkunft/Anbau

Die Hasel war schon Teil der nacheiszeitlichen Flora der gesamten Nordhalbkugel und ist nach wie vor bis weit nach Norden und in den Alpen bis zu Höhenlagen von 1600 m verbreitet.

Für den heimischen Anbau wählt man am besten einen windoffenen, im Winter nicht zu warmen Standort aus. Es gibt zwei Hauptarten: Die länglichen Lambertsnüsse bleiben fest von ihren Hüllblättern umschlossen und müssen gepflückt und ausgepult werden. Die rundlichen Zellernüsse fallen von selbst herab, schmecken aber nicht ganz so gut.

Produkte/Kauf/Lagerung

Haselnüsse sind nicht nur ganz, geknackt, gehackt und gemahlen sowie in Schokolade, Kuchen, Müslis usw. erhältlich, sondern verarbeitet in Schokocreme, Haselnussnougat oder Konfekt. Ebenso beliebt ist Haselnussöl. Haselnüsse werden nicht ganz so schnell ranzig wie andere Nüsse, sollten aber ebenso sorgfältig und möglichst im Ganzen kühl und trocken gelagert werden.

Gesundheitswert

Haselnüsse enthalten reichlich einfach- und mehrfach ungesättigte Fettsäuren, sie und das darin befindliche Lecithin fördern die Gedächtnisleistung. Die Nüsse haben neben den Vitaminen der B-Gruppe einen hohen Gehalt an Vitamin E, das vor freien Radikalen schützt. Für die Zellregeneration, Immunabwehr, schöne Haare und Nägel sorgen vor allem

die Mineralien Magnesium, Kalium, Eisen und Calcium. Zudem enthalten die Nüsse mehr als 12 Prozent wertvolle pflanzliche Proteine.
Viele Menschen reagieren allergisch auf Haselpollen oder Haselnüsse. Die Allergene sind hitzestabil, werden also auch durch das Zubereiten nicht verträglicher. Betroffene müssen die Nüsse und das Öl komplett meiden.

Verarbeitung/Rezepte

In der Küche sind die Nüsse zum Verfeinern pikanter Gerichte wie auch als aromatische Backzutat einsetzbar. Besonders gut schmecken sie, wenn man sie vor dem Backen oder Kochen röstet. Danach lassen sie sich auch leicht enthäuten.

Süßer Brotaufstrich

80 g Zartbitterschokolade
200 g cremiger Honig
120 g ganz fein gemahlene Haselnüsse
3-4 EL Haselnussöl

Schokolade fein reiben, Honig über Wasserbad erwärmen, Schokolade darin schmelzen, Haselnüsse zugeben und mit Öl cremig rühren. Nach Geschmack evtl. noch getrocknete Minze, Chiliflocken oder Rosenwasser zugeben. Kühl aufbewahrt ist der Aufstrich ein halbes Jahr haltbar.

Apfel-Haselnuss-Plätzchen

100 ml brauner Rum
100 g getrocknete Apfelringe
100 g grob gehackte Haselnüsse
100 g grobe Haferflocken
200 g brauner Zucker • 1 Msp. Zimt
160 g Butter • 2 Eier
220 g Dinkel-Vollkornmehl
½ TL Natron
1 Prise Salz

Rum erwärmen, Apfelringe grob hacken, darin einweichen und ½ Stunde quellen lassen.
Haselnüsse und Haferflocken ohne Fett leicht anrösten, mit der Hälfte vom Zucker und dem Zimt bestreuen und karamellisieren lassen.

2 EL Butter zugeben, rühren und zum Abkühlen auf Backpapier ausgießen. Restliche Butter, Zucker und nach und nach die Eier aufschlagen. Mehl, Natron und Salz mischen und unterrühren. Apfelstücke und die zerbröselte Hafer-Nuss-Mischung unterheben. Kleine Teighäufchen mit Abstand auf ein mit Backpapier belegtes Blech setzen und bei 180 °C etwa 12 Minuten goldgelb backen.

Nuss-Streusel für Obstkuchen oder Desserts

125 g Mehl • 2 EL Dinkelmehl
100 g gehackte Haselnüsse
120 g zimmerwarme Butter
70 g Zucker • 1 Prise Salz
Mark von ½ Vanillestange

Alle Zutaten mischen und mit den Händen zu Streuseln verkneten. Auf ein mit Backpapier belegtes Blech geben und bei 180 ° C ca. 25 Minuten im vorgeheizten Ofen backen, dabei gelegentlich rühren. Abkühlen lassen und in Joghurt-Obst-Dessert verwenden. Alternativ vor dem Backen auf einem vorbereiteten Obstkuchen verteilen und mitbacken.

Kastanie/Esskastanie Marone *Castanes sativa*

Auch wenn die Esskastanie hierzulande gern mit der Rosskastanie verglichen oder gar verwechselt wird, sind die sich äußerlich ähnelnden Früchte ihre einzige Gemeinsamkeit. Sie sind nicht verwandt und Rosskastanien sind nicht essbar. Die Esskastanie wird dagegen bereits seit vorgeschichtlicher Zeit vom Menschen genutzt. In römischer Zeit dehnten sich ihre Anbaugebiete weit aus, später wurden Kastanien in manchen Gegenden zu einem Grundnahrungsmittel wie anderswo Kartoffeln oder Getreide zum *Brot der Armen.*

Hildegard von Bingen beschreibt die

Esskastanie ausführlich, empfiehlt Blätter, Rinde, Holz, Früchte und deren Schalen in unterschiedlichen Zubereitungen und gegen verschiedene Krankheiten. Sogar aphrodisische Wirkungen werden ihr zugeschrieben.

Botanisches

Die bis zu 30 m hohen Bäume mit rissiger Borke gehören zu den Buchengewächsen und tragen länglich-spitze Blätter mit gezähntem Rand. Sie sind einhäusig, aber getrenntgeschlechtlich. Die männlichen, gelb blühenden, bis zu 15 cm langen Blütenkätzchen schmücken den Baum zur Blütezeit im Juni, die weiblichen Blüten wachsen zu Nüssen heran, die von einer braunen Schale und einem sehr stacheligen Fruchtbecher umhüllt sind.

Herkunft/Anbau

Die Kastanie wird als Nutzpflanze schon so lange kultiviert, dass ihr natürliches Verbreitungsgebiet nördlich des Mittelmeeres heute kaum mehr genau einzugrenzen ist.

Grundsätzlich unterscheidet sich der Kastanienanbau zur Frucht- oder zur Holzproduktion. Für die Fruchternte kultiviert man einen lichten Hochwald mit weiten Abständen und großen Bäumen, für die Holzernte entsteht ein dichter, immer wieder durchforsteter und beernteter Niederwald.

Mit Abstand größter Produzent von Kastanien ist derzeit China. Dort wird eine verwandte Art angebaut. Die angebotenen echten Edelkastanien stammen zum größten Teil aus Italien.

Produkte/Kauf/Lagerung

Maroni, wie sie auf Weihnachtsmärkten angeboten werden, sind eine Weiterzüchtung der Kastanie. Sie sind zumeist größer und süßlicher als normale Esskastanien.

Wie viele Nussfrüchte sind auch Kastanien nach der Ernte nicht allzu lange haltbar. Für den heutigen Hausgebrauch kommt zum Konservieren eigentlich nur das Einfrieren in Betracht, da Fermentieren, Säuern usw. zu aufwendig wären. Am besten, man isst die frische Herbsternte gleich! Inzwischen werden aber zu bestimmten Zeiten oder in gut sortierten Geschäften auch hierzulande Kastanien schon vorgegart und eingefroren, vakuumiert, als Mus oder Mehl für die Weiterverarbeitung angeboten.

Gesundheitswert

Kastanien enthalten bis zu 43 % Stärke und nur 2 - 3 % Fett. Sie sind damit eine sehr nahrhafte und zudem basische Alternative zu Getreide. Die komplexen Kohlehydrate bewirken, dass der Blutzuckerspiegel nach dem Verzehr nur langsam ansteigt und lange stabil bleibt, sich also eine gute Sättigung ohne Heißhunger einstellt – ein ideales Diabetikernahrungsmittel.

Für einige Menschen ist bedeutsam, dass Kastanien glutenfrei sind, sie enthalten aber hochwertiges Eiweiß, Ballaststoffe und viele Vitamine und Mineralien.

Verarbeitung/Rezepte

Um ganze Kastanien zu garen, die Früchte unbedingt anritzen! (Anderenfalls würde sich die Feuchtigkeit im Inneren der harten Schale soweit ausdehnen, dass die braune Schale ruckartig platzt – die Frucht quasi »explodiert«.) Dann die Kastanien entweder für 10 Minuten bei 240 °C in den Backofen oder für 10 bis 15 Minuten in Salzwasser geben und den Garpunkt wie bei Kartoffeln testen.
Kastanienmehl ist ein sogenanntes

Streckmehl, das kein Klebereiweiß besitzt und darum keine Luft in Teigen halten kann. Zum Backen sollte es also mit Weizenmehl gemischt werden, meist halb und halb.

Kastanienmehlspätzle

(für 2 Personen)

Für den Teig:

je 150 g Dinkel- und Kastanienmehl
3 Eier • 200 ml Wasser
Salz • Öl zum Braten

Für die Leber:

2 Zwiebeln • Öl • 300 g Leber
3 EL Mehl • Salz

Alle Teigzutaten zu einem cremigen Teig verrühren und etwas ruhen lassen. Einen großen Topf Wasser zum Kochen bringen, salzen. Dann den Teig über ein Brett ins kochende Wasser schaben oder durch ein Spätzlesieb streichen. Wenn sie aufschwimmen, noch 2 bis 3 Minuten ziehen lassen, herausschöpfen und gut abtropfen lassen. Kurz vor dem Servieren in etwas Butter noch einmal aufbraten. Eine feine Beilage z.B. zu gebratener Leber. Dafür die Zwiebeln in Ringe schneiden, Leber teilen, in Mehl wenden, mit den Zwiebeln im Öl knusprig braten. Kurz vor Ende der Garzeit die Spätzle zugeben oder separat in etwas Butter aufbraten. Die Leber erst jetzt salzen und alles auf Tellern anrichten.

Kastanienaufstrich

250 g gekochte geschälte Kastanien
150 ml Milch • 50 ml Öl
Süße Würze: 4 EL Honig • Vanillepulver, Zimt, getrocknete Pfefferminze, Rosenwasser nach Geschmack
Herzhafte Würze: Pfeffer • Salz
Rosmarin, Thymian, Knoblauch u.a. nach Geschmack

Kastanien in der Milch zum Kochen bringen und ca. 10 Minuten offen köcheln, bis sie sich gut zerdrücken lassen. Öl zugeben, alles glatt pürieren und nach Geschmack süß oder herzhaft würzen. Abfüllen, kühl stellen und innerhalb von 1 bis 2 Wochen verbrauchen.

Kokosnuss

Cacos nucifera

Von diesem vielseitigen Baum wird nicht nur die Nuss genutzt, aus dem Holz baut man Möbel, die Blätter verarbeitet man zu langen Fasern für Seile, Stoffe, Körbe und Bürsten. Die faserige grüne Schicht um den eigentlichen Kern wird meist schon in den Ursprungsländern z.B. zu Teppichen und Dichtungsmatten weiterverarbeitet. Die holzigen Nussschalen dienen als Behälter und aus dem Kokoswasser im Inneren der Nuss entstehen alkoholische Getränke.

Sehr wertvoll ist das Kokosöl, das sowohl heilende als auch pflegende Wirkung hat.

Botanisches

Die Kokosnuss ist die Frucht der Kokospalme, eigentlich keine echte Nuss, sondern eine Steinfrucht. Sie wächst mit 20 - 40 weiblichen Blüten im unteren und mit bis zu 10 000 männlichen Blüten im oberen Teil großer Büschel. Nach der Bestäubung durch Insekten kann jedes Büschel 10 und mehr Nüsse tragen. Die verholzte braune Schale ist von einer sehr dicken, faserigen grünen Hülle umgeben. Darunter befindet sich das weiße Fruchtfleisch, das einen Hohlraum umschließt, der mit einer weißlich-trüben Flüssigkeit gefüllt ist, dem Kokoswasser.

Herkunft/Anbau

Kokospalmen stammen vermutlich aus Südostasien oder von den Inseln des Pazifischen Ozeans und sind heute im gesamten Tropengürtel der Erde verbreitet. Das verdanken sie vor allem ihren schwimmfähigen Früchten, die tausende Kilometer übers Meer treiben können, ohne dass ihre Keimfähigkeit verloren geht. Angebaut wird sie vor allem auf den Philippinen, in Indonesien, Indien, Sri Lanka, Thailand und Mexiko.

Produkte/Kauf/Lagerung

Neben der ganzen Nuss gibt es im Handel verschiedene Produkte aus dem weißen Kokosnuss-Fleisch. Auch Kokosmilch wird aus dem Fruchtfleisch gewonnen, das man dafür raspelt, einweicht und auspresst. Das Fett wird als Koch- und Bratfett oder als Überzug auf Süßigkeiten und als Waffelfüllung verwendet. Als Backzutat nutzt man die getrockneten Kokosraspeln. Im Unterschied zur Milch wird das Kokoswasser aus den grünen, noch unreifen Nüssen gewonnen und ist als natürlicher ISO-Drink im Tetrapack erhältlich.

Beim Kauf bitte darauf achten, dass die Schale und die »Augen» unversehrt und letztere nicht schimmelig sind. Die Nuss sollte noch Kokoswasser enthalten, das finden Sie durch Schütteln leicht heraus. Ungeöffnet kann die Kokosnuss 2 bis 4 Monate aufbewahrt werden. Das frische

Fruchtfleisch hält sich im Kühlschrank höchstens eine Woche, wenn man es vor dem Austrocknen schützt. Es kann aber sehr gut für wenigstens ein halbes Jahr eingefroren werden.
Getrocknete Kokosraspeln immer luftdicht verschlossen, kühl und trocken verwahren!

Gesundheitswert

Kokosnüsse sind reich an Ballaststoffen, enthalten viel Kalium und zahlreiche weitere Mineralien. Das Kokosöl bzw. -fett besteht zum größten Teil aus gesättigten Fettsäuren und ist damit eines der wenigen Pflanzenfette, das bei Zimmertemperatur fest ist. Es besitzt außerdem antimikrobielle Eigenschaften.

Verarbeitung/Rezepte

Um das Nussfleisch zu verarbeiten, muss man die Nuss zunächst öffnen. Dafür mit einem spitzen Gegenstand zunächst an den weichen »Augen» durch die Schale stechen und das Kokoswasser in ein Gefäß gießen. Mit einem Hammer dann genau unterhalb der Augen auf die harte Schale schlagen, damit sie sich öffnet. Nun lässt sich das Fleisch (je nach Reife der Nuss leichter oder schwieriger) mittels Messer oder Löffel von der harten Schale lösen. Wem das zu mühsam ist, der kann die Nuss nach dem Abgießen des Kokoswassers auch bei 160 °C Umluft in den Backofen legen, nach ungefähr 30 Minuten bricht die Nuss von selbst auf.

Kokos-Obsttörtchen

Boden:
200 g getrocknete Aprikosen
je 100 g getrocknete Feigen, Mandeln und Kokosflocken • 30 g Kokosfett
Creme:
300 ml Milch • 200 ml Kokosmilch
1 EL Zucker • 2 EL Speisestärke
Obst:
Ananaswürfel (Dose)

Trockenfrüchte grob hacken, mit Mandeln und Kokosflocken pürieren. Zerlassenes Kokosfett unterrühren. Eine Platte mit Backpapier belegen und Dessertringe (8 cm Ø) aufsetzen. Masse in den Ringen fest drücken und kalt stellen. Milch und Zucker mischen,

Stärke mit etwas davon anrühren, Zuckermilch aufkochen, Stärke einrühren und Pudding binden, auskühlen lassen. Pudding in die Ringe verteilen, mit Ananas belegen.

Pikante Blätterteigtaschen

8 quadratische Blätterteigplatten (TK) • 80 g Schmand
4 EL Kokosflocken
Bockshornklee • Pfeffer • Salz
Chili • 1 große rote Paprika
100 g Mozzarella oder Knackwurst
1 Ei • 50 ml Kokosmilch
Paprikapulver, edelsüß

Blätterteig auftauen und noch etwas ausrollen. Schmand mit Kokosflocken verrühren. Bockshornklee mörsern und den Schmand damit und den restlichen Gewürzen kräftig abschmecken. Paprika und Mozzarella oder Wurst in kleine Würfel schneiden, alles mit dem Schmand vermischen. Jeweils 1 EL der Füllung mittig auf den Teig setzen, Ränder mit Eiweiß einpinseln, diagonal zuklappen und die Ränder fest schließen. Oberseite der Teigtaschen mit Eigelb einpinseln, bei 200 °C im Backofen ca. 20 Minuten goldgelb backen. Zum Servieren etwas Kokosmilch aufschäumen, Teigtaschen leicht öffnen, Kokosschaum darüber geben, mit Paprika bestäuben.

Macadamianuss

Macadamia integrifolia
Macadamia tetraphylla

Sie gilt als »Königin der Nüsse«, denn durch den hohen Aufwand bei Anbau, Ernte und Verarbeitung ist sie die teuerste Nuss weltweit. Dafür schmeckt sie außergewöhnlich gut. Bis ins 19. Jahrhundert war sie ein wohlgehüteter Schatz und wichtige Nahrungsquelle der australischen Ureinwohner. Die Aborigines nannten sie nach ihrem Wuchsort u.a. **Queensland-Nuss.** Sie war die »Mutter« aller späteren Macadamia-Arten. Ihren Gattungsnamen Macadamia bekam sie von ihrem deutschen Entdecker, dem Botaniker Ferdinand von Müller.

Er ehrte damit seinen Kollegen, den australischen Chemiker und Politiker John Macadam.

Botanisches

Der breitkronige, bis zu 18 m hohe Macadamiabaum hat ledrige glattrandige oder gezähnte Blätter und kleine cremeweiße Blüten, die in bis zu 30 cm langen Trauben herabhängen. An ihnen reifen die bis zu 3 cm dicken kugeligen Früchte in ihrer ungewöhnlich harten und dicken Samenschale.

Herkunft/Anbau

Ursprünglich ist der immergrüne Baum in den tropischen Teilen des östlichen Australien beheimatet,

wird aber seit den 1930er Jahren auch in Afrika angebaut. Der größte Produzent ist heute Hawaii, inzwischen gedeihen die anspruchsvollen Bäume auch in Neuseeland, Israel und dem Südlichen Mittelamerika.

Produkte/Kauf/Lagerung

Macadamianüsse eroberten erst in den letzten Jahrzehnten den europäischen Markt. Man schätzt ihren knackigen Biss und den angenehmen, milden buttrigen Geschmack. Da sie kaum zu knacken sind, werden sie maschinell geschält und roh, gekocht, gesalzen oder geröstet angeboten.

Gesundheitswert

Macadamianüsse enthalten bis zu

drei Viertel Fett, davon sind jedoch die meisten gesunde, einfach ungesättigte Fettsäuren, außerdem reichlich Vitamine (vor allem der B-Gruppe) und Mineralstoffe. Macadamias zählen neben pflanzlichen Ölen zu den Vitamin E-reichsten Lebensmitteln überhaupt. Das fettlösliche Vitamin E wirkt im Körper antioxidativ, schützt unsere Zellen also vor freien Radikalen und macht zudem einen reibungslosen Fettstoffwechsel möglich. Und obendrein enthalten die Nüsse nennenswerte Mengen an Kalium, Kalzium und Phosphor, welche essenziell für den Aufbau und Erhalt unserer Knochen sind.
Für Hunde und Katzen sind Macadamianüsse giftig!

Verarbeitung/Rezepte

Durch ihre weiche, zarte Konsistenz eignen sich die Nüsse ideal für Füllungen, Cremes, Eis oder Gebäck. Sie schmecken aber auch in Obstsalaten oder zu Käse.

Sonntagsbrötchen

½ TL Zucker • 100 ml handwarme Milch • ½ Würfel frische Hefe
300 g Dinkelmehl (Type 630)
150 g gehackte Macadamianüsse
2 TL Rapsöl • ½ TL Salz
100 g Rosinen

Den Zucker in der Milch auflösen und die Hefe einrühren. Mehl in eine Schüssel geben, Nüsse, Öl und Salz unterrühren, Hefemilch zugeben und ebenfalls einrühren. Nach und nach bis 100 ml handwarmes Wasser einkneten, bis der Teig eine geschmeidige Konsistenz hat. Mit wenig Mehl bestreuen, die Schüssel mit einem feuchten Tuch bedecken und warm stellen. 30 bis 40 Minuten gehen lassen. Aus dem Teig 10 bis 12 Brötchen formen, auf ein mit Backpapier belegtes Blech setzen und abgedeckt noch einmal entspannen lassen. Den Backofen auf 200 °C vorheizen und ein feuerfestes Schälchen mit Wasser hineinstellen. Die Brötchen in den Herd schieben (Vorsicht: Dampf!), die Temperatur auf 180 °C zurückdrehen und ca. 20 Minuten backen.

Macadamia-Pralinen

100 g Macadamianüsse
50 g getrocknete Cranberrys
75 g weiße Kuvertüre

Nüsse zur Hälfte grob und zur Hälfte ganz fein hacken, Cranberrys ebenfalls grob hacken. Kuvertüre im Wasserbad vorsichtig schmelzen, grob gehackte Nüsse und Früchte einrühren, etwas abkühlen lassen. Fein gehackte Nüsse auf einen Teller geben. Mit einem Teelöffel pralinengroße Stücke der weichen Masse abstechen, auf die Nüsse geben und darin wenden. Die Splitter etwas andrücken und die Pralinen auskühlen lassen.

Mandel

Prunus dulcis

Schon zu antiker Zeit wurde die Mandel im östlichen Mittelmeerraum kultiviert. Die Bibel erwähnt sie als Zutat im Brot ägyptischer Pharaonen. Bei den Griechen ist – nach einer Sage – der Mandelbaum aus einem Blutstropfen der Göttin Kybele entstanden. In der mittelalterlichen Ikonographie stand die Mandel für die unbefleckte Empfängnis.

Botanisches

Der Mandelbaum ist ein sommergrüner, recht kleiner Baum mit breiter Krone und spitzovalen Blättern, denen des verwandten Pfirsichs sehr ähnlich.

Die Frucht des Mandelbaumes ist eine Steinfrucht, keine echte Nuss. Sie besteht aus einer faserigen, ungenießbaren grünen Hülle. Je nach Sorte befindet sich darunter eine harte bis sehr harte Schale, die den von einer braunen Haut umschlossenen hellen Mandelkern enthält.

Herkunft/Anbau

Ursprünglich stammt der Mandelbaum aus Mittel- und Südwestasien und verbreitete sich rund ums Mittelmeer, zu Zeiten Karls des Großen auch in Teile Nordeuropas, und gelangte durch spanische Franziskaner in die neue Welt. Heute wird der Baum im gesamten Mittelmeerraum, aber auch in Australien und den USA angebaut.

Produkte/Kauf/Lagerung

Mandeln werden in einer sehr großen Produkt- und Verarbeitungsvielfalt angeboten. Man kann sie mit und ohne Schale und braunem Häutchen kaufen, aber auch schon halbiert, gestiftet, gehackt, als Blättchen oder gemahlen, naturbelassen, gesalzen, geröstet, gezuckert, gesalzen oder in Schokolade und als Marzipan. Sie sind aber auch verarbeitet zu Mandelmilch, Mandelbutter oder Mandelöl erhältlich.

Gesundheitswert

Süße Mandeln bestehen etwa zur Hälfte aus Fett, von dem aber nur ein recht kleiner Teil wertvolle, mehrfach ungesättigte Fettsäuren sind. Dafür enthalten sie relativ viel Magnesium, Kalium und Phosphor, Kupfer, Zink und Eisen. Wer täglich 1 Hand voll Mandeln verzehrt, schützt sich vor Diabetes, Herz-Kreislauf-Erkrankungen, einem hohen Cholesterinspiegel. Mandelmilch wirkt lindernd bei gereiztem oder entzündetem Magen, Mandelöl ist wohltuend bei trockener Haut oder rissigen Lippen, hilft auch bei Schürfwunden oder Verbrennungen.

Bittermandeln enthalten ebenso wie die ursprüngliche Wildform der Mandel noch das giftige Blausäureglykosid Amygdalin, das in geringerer Menge auch in Aprikosenkernen, Bohnen oder Holunder vorkommt und nur durch Hitzeeinwirkung unschädlich gemacht werden kann. Unverarbeitet können schon einige Bittermandeln für einen Menschen tödlich sein.

Verarbeitung/ Rezepte

Wer ganze Mandeln verarbeitet, sollte sie von ihrem braunen Häutchen befreien. Dafür die Nüsse 2 bis 3 Minuten in kochendem Wasser blanchieren, abgießen und noch heiß zwischen einem Geschirrtuch (oder den Fingern, sobald die Temperatur das zulässt) reiben, bis sich das Häutchen löst.

Mandelplätzchen

120 g Butter • 120 g Zucker • 1 Ei 90 g Haferflocken • 80 g gemahlene Mandeln • 80 g Mehl • 1 TL Backpulver • 1 Prise Salz • 1 TL Galgant oder angemörserte Lavendelblüten

Butter, Zucker und Ei schaumig rühren, separat trockene Zutaten mischen, alles unterrühren. Kleine Teigkleckse mit 2 Teelöffeln auf einem Backblech verteilen und flach drücken, bei 180 °C 10 bis 12 Minuten backen und auskühlen lassen.

Tipp: Für die herzhafte Version ersetzt man 80 g Zucker durch gemahlenen Hartkäse.

Forelle mit Mandeln

2 küchenfertige Forellen à 250 g
Salz • Pfeffer • Kräuter der Provence
3 EL Mehl • 1 Ei
200 g feine Mandelsplitter oder zersplitterte Mandelblättchen
Rapsöl • 2 EL Mandelöl zum Braten

Forellen abwaschen und gut trocken tupfen, kräftig von innen und außen würzen. Die Fische in Mehl wenden und gut abklopfen, dann mit dem verquirlten Ei und den Mandelsplittern panieren und im nicht zu heißen Öl schwimmend und langsam von beiden Seiten goldgelb ausbacken.

Pekannuss

Carya illinoinensis

Schon für die Indianer des nordamerikanischen Südens war die Pekannuss ein wichtiges Nahrungsmittel. Auch das ausgesprochen harte Holz dieses Nussbaums wird genutzt, um daraus z.B. Parkettböden oder Baseballschläger herzustellen.

Botanisches

Der imposante, breitkronige Pekannussbaum, auch Hickorybaum genannt, ist vor allem im Mississippi-Tal beheimatet. Die stattlichen Bäume können bis zu 50 m hoch und bis zu 1000 Jahre alt werden. Wie die mit ihm verwandte Walnuss trägt

er weibliche Blüten und männliche Blütenkätzchen. Die Früchte ähneln einer glatten Walnuss, bestehen wie diese aus zwei Hälften, umgeben von einer harten Schale, die von grünem Fruchtfleisch umschlossen wird. Diese Außenhülle bricht in vier Teile auf, sobald die Frucht reif ist, und gibt die Nuss samt Schale frei.

Herkunft/Anbau

Der Hickorybaum wird heute auf großen Plantagen vor allem in Texas und anderen US-Bundesstaaten wie New Mexico, Louisiana, Mississippi, Georgia und Florida angebaut. Züchtungen von derzeit etwa 300 Sorten machen den Anbau bis nach Kanada möglich. Seit etwa 50 Jahren gibt es auch Pekan-Plantagen in Australien und Israel. Zur Erntezeit werden Pekannüsse wie viele andere Nussarten maschinell von den Bäumen gerüttelt.

Produkte/Kauf/Lagerung

Pekannüsse werden von den Züchtern oft nach der Ernte noch behandelt, um ihren Marktwert zu steigern. Man wäscht die Schalen, reibt sie mit Sand ab, färbt, wachst oder poliert sie, damit sie gleichmäßiger und dekorativer aussehen.

Der Handel bietet Pekannüsse in der Schale aber auch als Kerne oder in Stücken an. Beliebt sind sie gezuckert oder gesalzen als Knabberartikel.

Pekannüsse haben einen zarteren

Geschmack als Walnüsse, sie werden aber ebenso schnell ranzig, sodass der Kauf Vertrauenssache ist. Beim Kauf sollten die Nüsse sich eher schwer anfühlen im Verhältnis zur Größe, die Schale sollte unversehrt sein und der Kern darin nicht klappern. Werden sie ungekühlt aufbewahrt, verzehrt man Pekannüsse am besten innerhalb von 3 Monaten nach der Ernte. Der Kauf bereits geknackter Pekannüsse ist nicht zu empfehlen. Dafür ist die kurzzeitige Lagerung mit Schale unter kühlen, trockenen Bedingungen möglich.

Gesundheitswert

Von den über 70 % Fett in den Pekannüssen sind knapp zwei Drittel wertvolle ungesättigte Fettsäuren. Die Kerne sind außerdem ein wichtiger Lieferant von Vitamin B_1, Zink, Kupfer und Magnesium sowie weiteren Mineralien und Spurenelementen.

Verarbeitung/Rezepte

Pekannüsse eignen sich wunderbar für Desserts, Eis, Gebäck oder Süßigkeiten. Bekannt ist der amerikanische Pecan Pie. In der herzhaften Küche sind sie vor allem für Wild- und Geflügelgerichte zu empfehlen, z.B. als Panaden- oder Füllungszutat.

Schokohappen bzw. Brownies

200 g grob gehackte Pekannüsse
300 g dunkle Schokolade
300 g Butter • 5 Eier • 150 g Zucker
1 Prise Salz • 100 g Mehl

Pekannüsse in einer Pfanne ohne Fett leicht rösten. Schokolade mit der Butter in einer Schüssel im Wasserbad schmelzen, etwas abkühlen lassen. Den Backofen auf 180 °C vorheizen. Eier, Zucker und Salz schaumig schlagen, Schokoladenbutter und danach das Mehl einrühren. Die Nüsse unterheben und den Teig in eine flache Auflaufform geben. 25 bis 30 Minuten backen. Erst ausgekühlt schneiden.

Fenchel-Orangen-Salat mit Datteln und Pekannüssen

1 Fenchelknolle
2 Orangen
10 getrocknete Datteln
3 EL gehackte Pekannüsse

Dressing:

1 EL weißer Balsamico
1 TL Honig • ½ TL milder Senf
3 EL Orangensaft
etwas abgeriebene Schale von
1 Bio-Orange
Salz • Pfeffer
300 ml Walnussöl

Die Fenchelknolle putzen und waschen, feine Blättchen separat legen. Die Knolle in feine Halbringe hobeln oder schneiden. Orange waschen, Schalenabrieb herstellen, filetieren, dabei den Saft auffangen und die Reste ausdrücken. Datteln entkernen und längs vierteln. Fenchel, Orange und Datteln auf Tellern anrichten und mit den Nüssen und dem Fenchelgrün bestreuen.
Für das Dressing alle restlichen Zutaten außer dem Öl gut verrühren, das Öl mit Hilfe eines Pürierstabes oder Rührgerätes einarbeiten. Den Salat damit marinieren.

Pistazie

Pistacia vera

Gelegentlich nennt man die Pistazie auch Pimpernuss oder wegen der geschmacklichen Ähnlichkeit zur Mandel auch Grünmandel. Im Nahen Osten wurden bereits ca. 7000 Jahre v. Chr. wilde Pistazien von Menschen gesammelt. Von dort verbreitete sich der Baum im gesamten Mittelmeergebiet und wurde schon in der Antike gezielt angebaut. Davon kündet auch die Legende der berühmten Königin von Saba, welche die Pistazie zur königlichen Frucht ernannt haben soll. Bei den Arabern gilt die Pistazie bis heute als Aphrodisiakum.

Botanisches

Der bis zu 12 m hohe, sommergrüne Baum trägt Trauben von Nüssen, optisch den Weintrauben gar nicht unähnlich. Der Pistazienbaum ist eine zweihäusige Pflanze, das heißt, ein Baum trägt nur entweder männliche oder weibliche Blüten, die recht unscheinbar sind und vom Wind bestäubt werden.

Die Pistazie ist eigentlich keine Nussfrucht, sondern eine Steinfrucht. Wie bei den mit ihr verwandten Mandeln umgibt den Kern in der holzigen Schale eine fleischige, ungenießbare Schicht Fruchtfleisch.

Herkunft/Anbau

Das eigentliche Zuhause der Pistazie sind Wüstengegenden im Nahen Osten mit warmen Tagen und sehr kühlen Nächten. Auch zum Keimen brauchen die Samen eine Winterruhe, in der sie genügend Zeit bei nur einstelligen Temperaturen verbringen. Um gute Bestäubung zu ermöglichen, wird in heutigen Plantagen oft ein männlicher Ast auf die weiblichen Bäume gepfropft. Ist der Winter zu mild oder die Blütezeit zu feucht, kann es trotzdem zu großen Ernteausfällen kommen. Aber auch bei bestem Wetter tragen die Bäume nicht gleichmäßig, auf sogenannte »Mastjahre» folgen solche mit geringerer Ernte. Ohnehin sind bis zu 40 % der in einer Traube befindlichen Samen taub, enthalten also keinen

Kern. Heute werden Pistazien vor allem im Herkunftsgebiet, dem heutigen Iran, aber auch in den USA und der Türkei angebaut.

Produkte/Kauf/Lagerung

Pistazien sind im Handel vor allem roh, geröstet oder gesalzen zu finden.

Gesundheitswert

Pistazien sind besonders reich an Vitamin E, aber auch an Folsäure (Vitamin B_9) und gesunden Mineralien. Vitamin E wird eine Wirkung gegen freie Radikale nachgesagt, das bedeutet, der Verzehr kann sogar Krebs vorbeugen. Kalium nützt vor allem Menschen mit Bluthochdruck und die enthaltene Folsäure wird besonders schwangeren Frauen und stillenden Müttern empfohlen.

Pistazien bestehen zwar zu gut 50 % aus Fett, aber davon sind fast 90 % hochwertige ungesättigte Fettsäuren.

Verarbeitung/Rezepte

Ganze oder gehackte Pistazienkerne veredeln Pasteten und Wurst. Mit ihrem schönen Grün garnieren sie Torten, Pralinen oder Desserts. Gemahlene Pistazien schmecken in Eiscreme oder Pesto. Das Pistazienöl wird hauptsächlich in der kalten Küche für Salatdressings verwendet.

Pistazieneis

250 g ungesalzene geröstete Pistazien • 7 EL Zucker • 250 ml Milch 250 g Crème fraîche • 100 g Sahne Mark aus ½ cm Vanillestange

Pistazien schälen, zusammen mit dem Zucker in einem guten Mixer ganz fein mahlen. Dabei nach und nach vorsichtig Milch zugeben, damit nichts klebt. Alle weiteren Zutaten zufügen, zu einer glatten Masse aufmixen und in der Eismaschine gefrieren lassen.

Tipp: Dieses Eis lässt sich auch mit Macadamianüssen (S. 79) herstellen, dann nimmt man statt der Vanille einige Tropfen Rosenwasser.

Pistazien-Birnen-Schnitten

8 Blätterteigquadrate (TK)
500 g Birnen
100 g Pistazienkerne
50 g Crème fraîche
1 Zitrone
2 cl Birnengeist
25 g zimmerwarme Butter
3 TL Rohrzucker
1 TL Puderzucker

Schale von der Zitrone abreiben und ½ Zitrone auspressen. Den Saft mit dem Birnengeist und Puderzucker mischen.

Birnen schälen und Kerngehäuse entfernen, Schiffchen schneiden und in die Flüssigkeit einlegen. Pistazien fein hacken, die Hälfte zusammen mit der abgeriebenen Zitronenschale und 1 TL Rohrzucker zur Crème fraîche geben, unterrühren. Restliche Pistazien mit dem Rest Zucker und der Butter zu Streuseln verarbeiten.

Blätterteigquadrate auftauen lassen und auf ein mit Backpapier belegtes Blech setzen. In die Mitte jeweils nacheinander Crème fraîche, Birnenspalten und Streusel geben und bei 200 °C ca. 20 Minuten goldgelb backen.

Walnuss

Juglans regis

Schon in bronzezeitlichen Siedlungen wurden Walnüsse nachgewiesen und Plinius der Ältere beschreibt den Anbau von Walnussbäumen im alten Griechenland. In deutschsprachige Gebiete gelangte die Walnuss oder ursprünglich »Welsche Nuss« aus Oberitalien, einem Gebiet also, in dem man »welsch« sprach.

Botanisches

Der sommergrüne und bis zu 20 m hohe Walnussbaum hat eine hellgraue, im Jugendstadium noch recht glatte Rinde und treibt im Frühling spät aus, denn der zarte Austrieb

ist sehr frostempfindlich. Der Baum hat sehr derbes, glattrandiges, gerbstoffreiches, aber duftendes Laub und getrennt voneinander am selben Baum männliche Blütenkätzchen und weibliche unscheinbare Blütenstände. Wurzelausdünstungen und die Gerbstoffe im Laub sorgen dafür, dass nur sehr wenige andere Pflanzen in Gesellschaft eines Walnussbaumes gedeihen.

Herkunft/Anbau

Die ursprünglich im vorderen Orient beheimatete Walnuss war schon im Zweistromland vor 9000 Jahren eine Nahrungspflanze des Menschen. In antiker Zeit wurde der Baum u.a. von den Griechen kultiviert und ver-

breitete sich durch die Römer im gesamten Mittelmeerraum. Die Römer sorgten auch für seine Ausbreitung nördlich der Alpen. Heute stammen fast zwei Drittel der Walnuss-Weltproduktion aus den USA, vor allem aus Kalifornien.
Obwohl sich aus einer Nuss ein Sämling und damit ein neuer Baum ziehen lässt, sollte man in den eigenen Garten nur eine veredelte Sorte pflanzen, die früher zu fruchten beginnt, je nach Sorte kleinkroniger bleiben kann und größere Früchte trägt.

Produkte/Kauf/Lagerung

Im Handel findet man die Nüsse gehackt, halbiert, als Knabbergebäck oder Öl.

Walnüsse kauft man am besten als ganze Nüsse und beachtet, dass sie aus konventionellem Anbau fast immer gebleicht gehandelt werden. Bei Walnüssen ist der Kauf von frischen und gut gelagerten Nüssen sehr wichtig, sie sind besonders anfällig für Schimmel und Mottenbefall. Das gilt es auch bei der Lagerung eigener Ernte zu beachten.

Gesundheitswert

Im Fett der Walnuss findet sich ein vergleichsweise hoher Gehalt an Linolensäure, einer für das Herz sehr gesunden Omega-3-Fettsäure. Die Nuss ist aber auch reich an Mineralien wie Zink, Kalium, Magnesium und den Vitaminen der B- und E-Gruppe. Mit all dem sorgen sie für Elastizität der Blutgefäße und einen ausgewogenen Cholesterinspiegel, wirken also positiv auf das Herz-Kreislauf-System, können laut Studien vor Diabetes Typ 2 schützen und sogar Prostatakrebs günstig beeinflussen.

Verarbeitung/Rezepte

Walnüsse aus dem eigenen Garten können auch grün verarbeitet werden. Dazu erntet man sie bereits im Juni, bevor die harte Schale zu verholzen beginnt. Zur Verwendung für Likör und schwarze Nüsse müssen sie dann unbedingt von ihren Gerbstoffen befreit werden.

Schwarze Nüsse

500 g grüne Walnüsse
(Ernte Anfang Juni)
600 g Zucker
2 Gewürznelken
1 Stange Zimt
3 cm Vanilleschote

Walnüsse mit einer Stopfnadel mehrmals durchstechen (unbedingt Handschuhe nutzen!). 10 Tage lang wässern, dabei zwei Mal täglich das Wasser wechseln. Dann das Wasser abgießen und die Nüsse mit kochendem Wasser übergießen und so die restlichen Gerbstoffe abspülen. Aus dem Zucker, 350 ml Wasser und den Gewürzen einen Sirup herstellen,

Nüsse zugeben und bei geringer Hitze für ca. 30 Minuten weich köcheln. Dann die Nüsse in Gläser füllen, Gewürze verteilen, Sirup noch einmal aufkochen und auf die Nüsse gießen. Gläser zuschrauben und mindestens ein halbes Jahr ziehen lassen.

Wirsing-Schinken-Töpfchen mit Walnüssen

2 Kartoffeln • ½ Wirsing
½ Tasse Walnusskerne • 1 EL Griebenschmalz • 100 g roher Schinken
1 Zwiebel • 700 ml Gemüsebrühe

Kartoffeln schälen, würfeln, den Wirsing in Streifen schneiden. Walnüsse in einem Topf mit schwerem Boden ohne Fett anrösten, Schmalz zugeben und darin Schinken- und Zwiebelwürfel mitbraten. Mit der Brühe ablöschen, Kartoffelwürfel zufügen, aufkochen und 5 Minuten köcheln lassen. Dann den Wirsing einrühren, nochmals aufkochen und für einige Minuten garziehen lassen.

Rezeptverzeichnis